오늘부터
다시 시작

# 다시 Starting note

지은이 | 로코

1판 1쇄 인쇄 | 2017년 8월 18일
1판 1쇄 발행 | 2017년 9월 4일

펴낸이 | 신난향
편집위원 | 박영배
펴낸곳 | (주)맥스교육(맥스미디어)
출판등록 | 2011년 08월 17일(제321-2011-000157호)
주소 | 서울특별시 서초구 논현로 83 삼호물산빌딩 A동 4층
전화 | 02-589-5074(편집) 02-589-5142(영업 · 마케팅)
팩스 | 02-589-5088
홈페이지 | www.maksmedia.co.kr

기획 · 편집 | 이명준
디자인 | 김은주
영업 · 마케팅 | 김용환 심신
경영지원 | 장주열
인쇄 | 천일문화사

ISBN 979-11-5571-532-1 (03190)
정가 13,800원

# 다시
# Starting note

남녀노소를 막론하고 그 삶에 변화가 없다면
그의 인생은 이미 녹슬어 있는 것과 다름없다. 녹은 어디서
생기는가? 물론 쇠에서 생긴다. 쇠에서 생긴 녹이
쇠 자체를 못 쓰게 만든다.

– 법정 스님

인생에 실패라는 것은 없다. 실패는

우리를 또 다른 방향으로 인도해주는 삶의 한 부분일 뿐이다.

세상이 원하는 것이 무엇인지 묻지 말고, 무엇을 할 때

가장 재미있는지 자문해라.

– 오프라 윈프리

## 시작의 향연

사람들이 죽기 전에 가장 후회 되는 일은
'그때 시작하지 못했던 일들'이라고 한다.
세상에 너무 늦은 시작이란 없고,
꼭 변화가 최선의 길도 아니다.
익숙한 길을 선택하더라도
그 길 가운데 새로운 길, 새로운 시작은 수없이 많다.
'남들처럼'이라는 단추를 풀고
'나처럼'이라는 단추를 올곧게 채운다면
반드시 내 인생을 평안으로 가득 채우는 방법을
찾을 수 있을 것이다.

[illegible]

**이렇게 사용해 보세요!**

이 책은 다시 시작하고 싶은 마음이 간절한 당신에게 던지는 100가지 질문들로 구성되어 있습니다. 새로운 시작을 하고 싶을 땐 이 책을 펼쳐서 질문에 대한 문장들을 써내려 가십시오. 한 문장이 어려우면 한 단어로 쓰셔도 괜찮습니다. 1번 질문에서 시작하여 100번 질문으로 끝날 때 쯤이면 이미 달라져 있는 당신 모습을 발견하게 될 것입니다. 다시 무언가를 시작하고 싶은 마음이 간절할 때 '2nd starting'을 하십시오. 당신의 새로운 시작을 응원합니다!

01

'나' 같은
사람은 무수히
있을지언정 '나'는
세상에 또 없다.

02

'목적'으로부터
출발하는
새로운 인생

03

나 혼자서는 따로
행복해 질 수
없다.

04

인생은 태도가
바뀌면 바꿀 수
있다.

05

내게 찾아온
적절한 보상

[illegible]

[illegible]

[illegible]

[illegible]

[illegible]

100일의 기록

# 1

'나'같은
사람은 무수히
있을지언정 '나'는
세상에 또 없다.

Body
Soul

당신이 동의하지 않는 한 이 세상 누구도
당신이 열등하다고 느끼게 할 수 없다.
– 엘리노어 루즈벨트

# 01 당신이 겪은 실패의 고통은 당신을 강하게 만드는가?

1st 20 . .

2nd 20 . .

3rd 20 . .

4th 20 . .

5th 20 . .

글을 쓰며 떠오르는 이미지를
그려보세요. 글과 이미지가 하나가
되어 오랫동안 기억되게 됩니다.

**Image Drawing**

# 02 무엇이 당신을 행복하게 만드는가?

1st 20 . .

2nd 20 . .

3rd 20 . .

4th 20 . .

5th 20 . .

Image Drawing

글을 쓰며 떠오르는 이미지를 그려보세요. 글과 이미지가 하나가 되어 오랫동안 기억나게 됩니다.

# 03 불려지는 표면적인 이름 외에 내가 나를 부르는 내면의 이름은 무엇인가?

1st 20 . .

2nd 20 . .

3rd 20 . .

4th 20 . .

5th 20 . .

글을 쓰며 떠오르는 이미지를
그려보세요. 글과 이미지가 하나가
되어 오랫동안 기억나게 됩니다.

Image
Drawing

# 04 내가 남들보다 조금 더 잘하는 것은 무엇인가?

1st 20 . .

2nd 20 . .

3rd 20 . .

4th 20 . .

5th 20 . .

글을 쓰며 떠오르는 이미지를
그려보세요. 글과 이미지가 하나가
되어 오랫동안 기억나게 됩니다.

Image
Drawing

# 05 내가 나를 사랑하는 이유는 무엇인가?

1st 20 . .

2nd 20 . .

3rd 20 . .

4th 20 . .

5th 20 . .

글을 쓰며 떠오르는 이미지를
그려보세요. 글과 이미지가 하나가
되어 오랫동안 기억하게 됩니다.

# Image Drawing

# 06 당신은 자신을 어떻게 평가하는가?

1st 20 . .

2nd 20 . .

3rd 20 . .

4th 20 . .

5th 20 . .

# 07 당신의 가치는 돈으로 얼마라고 생각하는가?

1st 20 . .

2nd 20 . .

3rd 20 . .

4th 20 . .

5th 20 . .

# 08 나는 타인에게 어떠한 영향력을 미치는가?

1st 20 . .

2nd 20 . .

3rd 20 . .

4th 20 . .

5th 20 . .

글을 쓰며 떠오르는 이미지를
그려보세요. 글과 이미지가 하나가
되어 오랫동안 기억나게 됩니다.

# 09 나는 진짜 어른일까?

2nd 20 . .

4th 20 . .

# Image Drawing

글을 쓰며 떠오르는 이미지를
그려보세요. 글과 이미지가 하나가
되어 오랫동안 기억나게 됩니다.

# 10 나에게 가장 부족한 점은 무엇인가?

2nd 20 . .

4th 20 . .

Image
Drawing

# 11 나만의 브랜드가 있는가?

2nd 20 . .

4th 20 . .

[illegible]

# Image Drawing

12

# 기쁨의 눈물을 흘려 본 적이 있는가?

$2^{nd}$ 20 . .

$4^{th}$ 20 . .

# Image Drawing

글을 쓰며 떠오르는 이미지를 그려보세요. 글과 이미지가 하나가 되어 오랫동안 기억하게 됩니다.

# 13 좋지 않은 일로 많이 힘들고 외로운 자신에게 위로가 되는 음악은?

1st 20 . .

2nd 20 . .

3rd 20 . .

4th 20 . .

5th 20 . .

# 14 주변 사람들은 나를 어떻게 생각하고 있는가?

1st 20 . .

2nd 20 . .

3rd 20 . .

4th 20 . .

5th 20 . .

# 15 최근 당신이 크게 화가 난 일은 무엇인가? 화를 낸 대상에게 못 다한 말이 있는가?

1st 20 . .

2nd 20 . .

3rd 20 . .

4th 20 . .

5th 20 . .

## Image Drawing

글을 쓰며 떠오르는 이미지를
그려보세요. 글과 이미지가 하나가
되어 오랫동안 기억나게 됩니다.

# 16 스스로 가치 있는 사람이라고 생각하는가?

1st 20 . .

2nd 20 . .

3rd 20 . .

4th 20 . .

5th 20 . .

## Image Drawing

글을 쓰며 떠오르는 이미지를
그려보세요. 글과 이미지가 하나가
되어 오랫동안 기억나게 됩니다.

# 17 당신은 지금 열심히 하는데 왜 그들과 결과가 다른가?

1st 20 . .

2nd 20 . .

3rd 20 . .

4th 20 . .

5th 20 . .

# Image Drawing

# 18 나는 누군가에게 얼마나 쓸모 있는 존재인가?

1st 20 . .

2nd 20 . .

3rd 20 . .

4th 20 . .

5th 20 . .

글을 쓰며 떠오르는 이미지를
그려보세요. 글과 이미지가 하나가
되어 오랫동안 기억나게 됩니다.

## Image Drawing

19

# 나는 지금 얼마나 인정받고 있을까?

2nd 20 . .

4th 20 . .

글을 쓰며 떠오르는 이미지를
그려보세요. 글과 이미지가 하나가
되어 오랫동안 기억나게 됩니다

# Image Drawing

# 20 미워하는 사람이 있다. 당신은 어떤 형벌을 내릴 것인가?

1st 20 . .

2nd 20 . .

3rd 20 . .

4th 20 . .

5th 20 . .

## Image Drawing

글을 쓰며 떠오르는 이미지를
그려보세요. 글과 이미지가 하나가
되어 오랫동안 기억나게 됩니다.

21

# 지나친 열정이 나쁠 수도 있을까?

1st

2nd 20 . .

3rd

4th 20 . .

5th

글을 쓰며 떠오르는 이미지를

# Image Drawing

22 남이 내게 던진 쓰레기를 품속에 오랫동안 간직한 적이 있는가?

1st 20 . .

2nd 20 . .

3rd 20 . .

4th 20 . .

5th 20 . .

# 23 당신은 왜 자주 짜증이 나고 무기력한가?

1st 20 . .

2nd 20 . .

3rd 20 . .

4th 20 . .

5th 20 . .

# 24 당신이 사막이 되지 않은 이유는?

1st 20 . .

2nd 20 . .

3rd 20 . .

4th 20 . .

5th 20 . .

25

# 당신의 기준점은 어디에 있는가?

$2^{nd}$ 20 . .

$4^{th}$ 20 . .

그림 속에 피어오르는 이미지:
[illegible]
[illegible]

# Image Drawing

여섯 가지의 그림 위에 생각나는 것을 그리고, 그 그림에 대한 자신의 생각이나 감정을 써보세요.

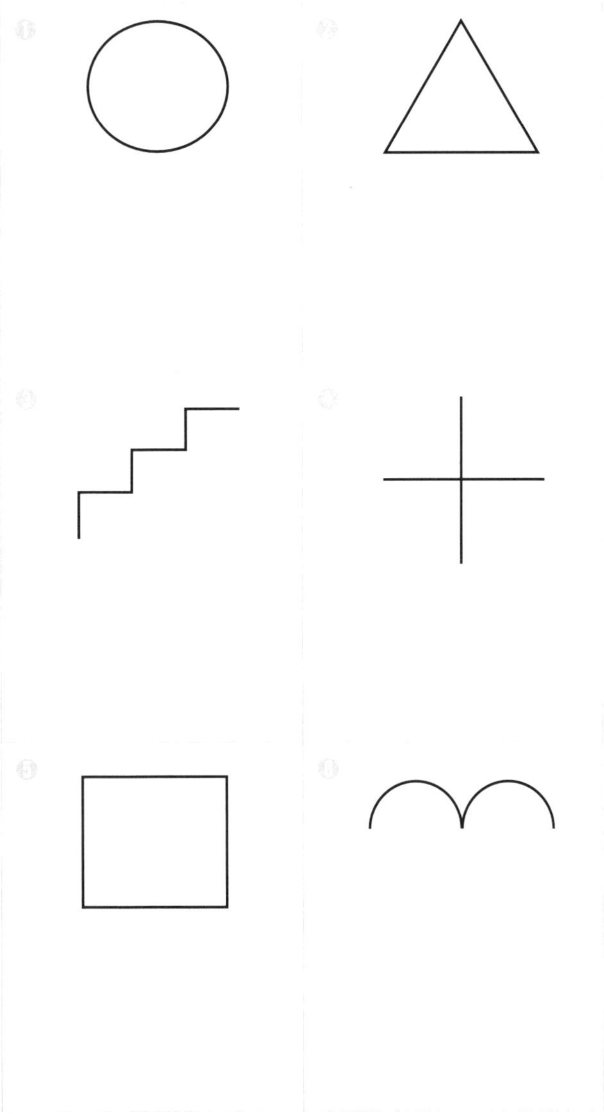

(설명은 229쪽에 있습니다.)

# 2

# '목적'으로부터 출발하는 새로운 인생

목적은 반드시 달성하기 위해서
세워지는 것이 아니고 표준점의 구실을
하기 위해 세워지는 것이다.

A. 쥬벨

# 26 당신에게 인생의 목적은 어디서 또 누구로부터 시작 되었는가?

1st 20 . .

2nd 20 . .

3rd 20 . .

4th 20 . .

5th 20 . .

글을 쓰며 떠오르는 이미지를
그려보세요. 그 이미지가 힌트가
되어 오랫동안 기억에 남게 됩니다.

# Image Drawing

# 27 행복한 인생이란 어떤 것인가?

1st 20 . .

2nd 20 . .

3rd 20 . .

4th 20 . .

5th 20 . .

글을 쓰며 떠오르는 이미지를
그려보세요. 글과 이미지가 하나가
되어 오랫동안 기억되게 됩니다

# Image Drawing

28

## 스스로 의식하지 못했던 당신의 행복은?

1st 20 . .

2nd 20 . .

3rd 20 . .

4th 20 . .

5th 20 . .

## Image Drawing

글을 쓰며 떠오르는 이미지를
그려보세요. 글과 이미지가 하나가
되어 [illegible]

29

# 절대
# 포기하지 말아야 할 것은
# 무엇인가?

1st 20 . .

2nd 20 . .

3rd 20 . .

4th 20 . .

5th 20 . .

글을 쓰며 떠오르는 이미지를

# Image Drawing

Re

# 30 '꿈꾸는 능력'에 따라 인생이 달라질까?

1st 20 . .

2nd 20 . .

3rd 20 . .

4th 20 . .

5th 20 . .

글을 쓰며 떠오르는 이미지를
그려보세요. 그 이미지가 하나의
[illegible]

# Image Drawing

# 31 당신이 갖고 있는 남들과 다른 생각은 무엇인가?

1st 20 . .

2nd 20 . .

3rd 20 . .

4th 20 . .

5th 20 . .

Re

# 32 인생에서 가장 우선이 되어야 하는 것은 무엇인가?

1st 20 . .

2nd 20 . .

3rd 20 . .

4th 20 . .

5th 20 . .

글을 쓰며 떠오르는 이미지를 그려보세요. 글과 이미지가 하나가 되어 오랫동안 기억나게 됩니다.

## Image Drawing

# 33 내 삶의 지침서가 되거나 삶을 변화시킨 책은 어떤 것인가?

1st 20 . .

2nd 20 . .

3rd 20 . .

4th 20 . .

5th 20 . .

Re
34
# 당신 인생의 '빅 픽처'는 무엇인가?

1st 20 . .

2nd 20 . .

3rd 20 . .

4th 20 . .

5th 20 . .

## Image Drawing

글을 쓰며 떠오르는 이미지를
그려보세요. 글과 이미지가 하나가
되어 오랫동안 기억나게 됩니다.

# 35

산을 내려가는 길에 발걸음을 재촉하다가 넘어졌다. 누군가 손잡아줄 사람조차 없는 외진 길에서 힘겹게 일어서며 나는 생각했다. 무엇을?

1st 20 . .

2nd 20 . .

3rd 20 . .

4th 20 . .

5th 20 . .

글을 쓰며 떠오르는 이미지를
그려보세요. 글과 이미지가 하나가
되어 오랫동안 기억되게 됩니다.

## Image Drawing

Restart

# 36 어떤 인생을 꿈꾸고 있는가?

1st 20 . .

2nd 20 . .

3rd 20 . .

4th 20 . .

5th 20 . .

# 37 내 삶의 목표는 무엇입니까?

1st 20 . .

2nd 20 . .

3rd 20 . .

4th 20 . .

5th 20 . .

# 38 인생에서 포기하고 싶은 생각보다 더 악한 생각은 무엇인가?

1st 20 . .

2nd 20 . .

3rd 20 . .

4th 20 . .

5th 20 . .

글을 쓰며 떠오르는 이미지를 그려보세요. 글과 이미지가 하나가 되어 오랫동안 기억하게 됩니다.

## Image Drawing

# 39 내 인생의 끝은 무엇인가?

1st 20 . .

2nd 20 . .

3rd 20 . .

4th 20 . .

5th 20 . .

글을 쓰며 떠오르는 이미지를
그려보세요. 글과 이미지가 하나가
되어 [illegible] 될 겁니다.

# Image Drawing

40

# 당신의 분야에서 최고는 누구인가?

1st 20 . .

2nd 20 . .

3rd 20 . .

4th 20 . .

5th 20 . .

글을 쓰며 떠오르는 이미지를
그려보세요. 글과 이미지가 하나가
되어 오랫동안 기억하게 됩니다.

# Image Drawing

41

# 무엇을 위해 어떤 책을 더 읽고 싶은가?

1st 20 . .

2nd 20 . .

3rd 20 . .

4th 20 . .

5th 20 . .

# Image Drawing

글을 쓰며 떠오르는 이미지를
그려보세요. 글과 이미지가 하나가
되어 오랫동안 기억에 남습니다.

Restart

42

# 일이 잘 풀리지 않을 때 당신은 무너져버리는가?

1st 20 . .

2nd 20 . .

3rd 20 . .

4th 20 . .

5th 20 . .

# Image Drawing

글을 쓰며 떠오르는 이미지를
그려보세요. 글과 이미지가 하나가
되어 오랫동안 기억나게 됩니다.

# 43 무언가에 욕심을 부린다면 어떤 것인가?

1st 20 . .

2nd 20 . .

3rd 20 . .

4th 20 . .

5th 20 . .

## Image Drawing

글을 쓰며 떠오르는 이미지를 그려보세요. 글과 이미지가 하나가 되어 오랫동안 기억하게 됩니다.

44

# 당신에게 그릿(GRIT)이 있는가? 성장(Growth), 회복력(Resilience), 내재적 동기(Intrinsic Motivation), 끈기(Tenacity)

1st 20 . .

2nd 20 . .

3rd 20 . .

4th 20 . .

5th 20 . .

글을 쓰며 떠오르는 이미지를
그려보세요. 글과 이미지가 하나가
되어 오랫동안 기억나게 됩니다.

## Image Drawing

45

# 당신은 어떤 사람이 되고 싶은가?

1st 20 . .

2nd 20 . .

3rd 20 . .

4th 20 . .

5th 20 . .

글을 쓰며 떠오르는 이미지를
[illegible]
[illegible]

# Image Drawing

Restart 46

# 단 하루만 있는데 그 하루를
# 반드시 행복해야 한다면
# 당신은 무엇을 할 것인가?

1st 20 . .

2nd 20 . .

3rd 20 . .

4th 20 . .

5th 20 . .

글을 쓰며 떠오르는 이미지 :
[illegible]
[illegible]

# Image Drawing

## 47 테이블 위 잘 포장된 상자 안에 당신이 그토록 원하던 어떤 선물이 들어있는가?

1st 20 . .

2nd 20 . .

3rd 20 . .

4th 20 . .

5th 20 . .

## Image Drawing

글을 쓰며 떠오르는 이미지를
그려보세요. 글과 이미지가 하나가
되어 오랫동안 기억나게 됩니다.

당신은 저주를 받아 동물로 변하게 되었습니다. 다음 동물들 중 '이것만큼은 되고 싶지 않아!'를 외치게 되는 동물을 선택해 주세요. 가장 싫어하는 동물을 생각해 봐도 좋겠습니다.

① 돼지



② 당나귀



③ 뱀



④ 하이에나



(설명은 229쪽에 있습니다.)

# 3

# 나 혼자서는 따로 행복해질 수 없다.

만약 누군가를 당신의 편으로 만들고 싶다면,
먼저 당신이 그의 진정한 친구임을 확신시켜라.
– 에이브러햄 링컨

# 48 당신 인생에 누군가와의 완벽한 관계가 존재 하는가?

1st 20 . .

2nd 20 . .

3rd 20 . .

4th 20 . .

5th 20 . .

## Image Drawing

글을 쓰며 떠오르는 이미지를
그려보세요. 글과 이미지가 하나가
되어 오랫동안 기억나게 됩니다.

# 49 타인에게 내 생각을 솔직하게 표현하는 것이 옳은 것인가?

1st 20 . .

2nd 20 . .

3rd 20 . .

4th 20 . .

5th 20 . .

글을 쓰며 떠오르는 이미지를
그려보세요. 글과 이미지가 하나가
되어 오랫동안 기억나게 됩니다.

# Image Drawing

# 50 당신에게 지금 가장 중요한 일은 누구 때문에 중요한가?

1st 20 . .

2nd 20 . .

3rd 20 . .

4th 20 . .

5th 20 . .

글을 쓰며 떠오르는 이미지를 그려보세요. 글과 이미지가 하나가 되어 오랫동안 기억나게 됩니다.

Image Drawing

# 51 다른 사람들에게 기분 좋은 사람으로 평가된 적이 있는가?

1st 20 . .

2nd 20 . .

3rd 20 . .

4th 20 . .

5th 20 . .

글을 쓰며 떠오르는 이미지를 그려보세요. 글과 이미지가 하나가 되어 오랫동안 기억나게 됩니다.

# Image Drawing

# 52 상대의 말을 듣고 싶은 대로 듣지 않고 상대방의 의도를 파악하며 들어본 적이 있는가?

1st 20 . .

2nd 20 . .

3rd 20 . .

4th 20 . .

5th 20 . .

# 53 왜 감정은 내 뜻대로 조절하기 어려운가?

2nd 20 . .

4th 20 . .

54

## 지금 나에게
## 가장 도움이 되고 있는
## 사람은 누구인가?

2nd 20 . .

4th 20 . .

Image
Drawing

# 55 왜 가까운 사이일수록 더 상처 받는가?

2nd 20 . .

4th 20 . .

# Image Drawing

56

# 나는 왜
# 그 사람이 미울까?

$2^{nd}$ 20 . .

$4^{th}$ 20 . .

57

# 누군가에게 신뢰를 얻기 위해 당신은 어떤 행동을 하는가?

2nd 20 . .

4th 20 . .

글을 쓰며 떠오르는 이미지를
[illegible]
[illegible]

# Image Drawing

# 58 당신은 사람들에게 인간적인 여백이 있는 사람인가?

1st 20

2nd 20 . .

3rd 20

4th 20 . .

5th 20

59

# 부정적 감정에 휘둘리지 않기 위해 상대를 자비롭게 용서한 적이 있는가?

2nd 20 . .

4th 20 . .

60

# 누군가의 말을 들을 때 하품을 하거나 지루한 표정을 짓지 않고 긴 시간 동안 들어준 적이 있는가?

2nd 20 . .

4th 20 . .

## Image Drawing

글을 쓰며 떠오르는 이미지를
그려보세요. 글과 이미지가 하나가
되어 오랫동안 기억나게 됩니다.

61

# 누군가의 실수로 시련이 왔을 때, 그에게 뭐라고 말해주고 싶은가?

2nd 20 . .

4th 20 . .

글을 쓰며 떠오르는 이미지를
그려보세요. 글과 이미지가 하나가
되어 오랫동안 기억되게 됩니다.

# Image Drawing

62

# 누군가에게 어떻게 하면 다시 만나고 싶은 사람이 될까?

1st 20 . .

2nd 20 . .

3rd 20 . .

4th 20 . .

5th 20 . .

# Image Drawing

글을 쓰며 떠오르는 이미지를
그려보세요. 글과 이미지가 하나가
되어 오랫동안 기억나게 됩니다.

# 63 좋은 친구란 무엇인가?

1st 20 . .

2nd 20 . .

3rd 20 . .

4th 20 . .

5th 20 . .

글을 쓰며 떠오르는 이미지를
그려보세요. 글과 이미지가 하나가
되어 오랫동안 기억나게 됩니다.

Image
Drawing

# 64 내가 평소에 자주 사용하는 말들은 무엇인가?

1st 20 . .

2nd 20 . .

3rd 20 . .

4th 20 . .

5th 20 . .

# 65 말로 평가 받는 시대. 당신의 말하기는 어떠한가?

1st 20 . .

2nd 20 . .

3rd 20 . .

4th 20 . .

5th 20 . .

글을 쓰며 떠오르는 이미지를 Image
그려보세요. 그 [illegible] 이미지가 [illegible]
[illegible] 됩니다. Drawing

# 66 가족에게는 어떤 선물이 필요한가?

2nd 20 . .

4th 20 . .

글을 쓰며 떠오르는 이미지를
그려보세요. 글과 이미지가 하나가
되어 오랫동안 기억나게 됩니다.

## Image Drawing

# 67 상대방에게 공격적이지 않으면서 단호하게 나를 표현하는 법이 있는가?

1st 20 . .

2nd 20 . .

3rd 20 . .

4th 20 . .

5th 20 . .

## Image Drawing

글을 쓰며 떠오르는 이미지를
그려보세요. 글과 이미지가 하나가
되어 오랫동안 기억나게 됩니다.

# 68 대화를 잘하기 위한 조건은 무엇일까?

1st 20 . .

2nd 20 . .

3rd 20 . .

4th 20 . .

5th 20 . .

글을 쓰며 떠오르는 이미지를
그려보세요. 글과 이미지가 하나가
되어 오랫동안 기억나게 됩니다.

Image
Drawing

# 69 당신은 사람을 잘 믿는 편인가?

2nd 20 . .

4th 20 . .

## Image Drawing

글을 쓰며 떠오르는 이미지를
그려보세요. 그런 이미지가 [illegible]
[illegible]

70

# 손 편지를 보내고 싶은 사람이 있는가? 첫 문장은 무엇인가?

2nd 20 . .

4th 20 . .

71

# 내 꿈을 실현하기 위해 만나보고 싶은 사람은?

2nd 20 . .

4th 20 . .

72

# 멀리 떨어져 있어도 함께 있는 것처럼 생각만 해도 좋은 사람은?

2nd 20 . .

4th 20 . .

글을 쓰며 떠오르는 이미지를
그려보세요. 「초」의 이미지가 하나씩
모여 모였을 때 자신의 그림책이 됩니다!

# Image Drawing

하얗고 폭신폭신하지만 손으로 잡을 수 없는 것은 다음 중 무엇이라 생각하나요?

- 무스
- 구름
- 비누거품

(설명은 229쪽에 있습니다.)

# 4

## 인생은
## 태도가 바뀌면
## 바꿀 수 있다.

'태도'는 사소한 것이지만,
그것을 만드는 차이는 엄청나다.
– 윈스턴 처칠

73

나는 변해서 무엇이 되고
싶은가? 어떻게
그렇게 될 수 있는가?

1st 20 . .

2nd 20 . .

3rd 20 . .

4th 20 . .

5th 20 . .

## Image Drawing

Re

74 현재의 직업을
대하는 당신의 태도는
어떠한가?

1st 20 . .

2nd 20 . .

3rd 20 . .

4th 20 . .

5th 20 . .

## Image Drawing

글을 쓰며 떠오르는 이미지를
그려보세요. 글과 이미지가 하나가
되어 더 생생하게 기억하게 됩니다.

75

오늘은 얼마만큼
행복하기로
마음 먹었나?

1st 20 . .

2nd 20 . .

3rd 20 . .

4th 20 . .

5th 20 . .

글을 쓰며 떠오르는 이미지를
그려보세요. 글과 이미지가 하나가
되어 오랫동안 기억나게 됩니다.

# Image Drawing

Re

# 76 목표를 이루는데 어느 정도의 시간이 필요한가?

1st 20 . .

2nd 20 . .

3rd 20 . .

4th 20 . .

5th 20 . .

글을 쓰며 떠오르는 이미지를
그려보세요. 글과 이미지가 하나가
되어 오랫동안 기억나게 됩니다.

# Image Drawing

# 77 실패로부터 새로운 가능성을 찾을 수 있는가?

1st 20 . .

2nd 20 . .

3rd 20 . .

4th 20 . .

5th 20 . .

## Image Drawing

글을 쓰며 떠오르는 이미지를
그려보세요. 글과 이미지가 하나가
되어 오랫동안 기억나게 됩니다.

Re

# 78 세상에 무엇을 남기고 갈 것인가?

1st 20 . .

2nd 20 . .

3rd 20 . .

4th 20 . .

5th 20 . .

# Image Drawing

글을 쓰며 떠오르는 이미지를
그려보세요. 글과 이미지가 하나가
되어 오랫동안 기억나게 됩니다.

Re

# 79 목표를 이루는데 꼭 필요한 습관이 있는가?

1st 20 . .

2nd 20 . .

3rd 20 . .

4th 20 . .

5th 20 . .

글을 쓰며 떠오르는 이미지를
그려보세요. 글과 이미지가 하나가
되어 오랫동안 기억되게 합니다

# Image Drawing

Restart

80

탕! 달리기 시합. 지금 출발한
달리기에서 당신은
몇 등으로 들어왔는가?

1st 20

2nd 20 . .

3rd 20

4th 20 . .

5th 20

글을 쓰며 떠오르는 이미지를
그려보세요. 글과 이미지가 하나가
되어 오랫동안 기억나게 됩니다.

# Image Drawing

# 81 가장 하고 싶지 않은 일은 무엇인가?

1st 20 . .

2nd 20 . .

3rd 20 . .

4th 20 . .

5th 20 . .

# 82 달리기를 하다 넘어진 아이에게 당신은 어떤 말을 건네고 싶은가?

1st 20 . .

2nd 20 . .

3rd 20 . .

4th 20 . .

5th 20 . .

글을 쓰며 떠오르는 이미지를
그려보세요. 글과 이미지가 하나가
되어 오랫동안 기억나게 합니다.

# Image Drawing

Q 83

# 지금 살고 있는 이 인생을 다시 산다해도 후회하지 않겠는가?

1st 20 . .

2nd 20 . .

3rd 20 . .

4th 20 . .

5th 20 . .

글을 쓰며 떠오르는 이미지를 그려보세요. 글과 이미지가 하나가 되어 오랫동안 기억나게 됩니다. **Image Drawing**

Restart

84

# 내가 가장 좋아하는 일은 무엇인가?

1st 20 . .

2nd 20 . .

3rd 20 . .

4th 20 . .

5th 20 . .

글을 쓰며 떠오르는 이미지를
그려보세요. 글과 이미지가 하나가
되어 온전한 기억이 됩니다.

# Image Drawing

# 85 가슴 한가운데 북받치는 설움이 있는가?

1st 20 . .

2nd 20 . .

3rd 20 . .

4th 20 . .

5th 20 . .

86

# 아이디어는 어떤 방식으로 얻는가?

1st 20 . .

2nd 20 . .

3rd 20 . .

4th 20 . .

5th 20 . .

## Image Drawing

글을 쓰며 떠오르는 이미지를
그려보세요. 글과 이미지가 하나가
되어 오랫동안 기억나게 됩니다.

# 87 사소한 성공이 내게 준 의미는?

1st 20 . .

2nd 20 . .

3rd 20 . .

4th 20 . .

5th 20 . .

Re

88 당신이
지금 후회하는 것이
있다면?

1st 20 . .

2nd 20 . .

3rd 20 . .

4th 20 . .

5th 20 . .

글을 쓰며 떠오르는 이미지를
그려보세요. 글과 이미지가 하나가
되어 오랫동안 기억하게 될 거예요.

# Image Drawing

# 89 당신만의 스트레스를 푸는 법은 무엇인가?

1st 20 . .

2nd 20 . .

3rd 20 . .

4th 20 . .

5th 20 . .

글을 쓰며 떠오르는 이미지를
그려보세요. 글과 이미지가 하나가
되어 오랫동안 기억나게 됩니다.

# Image Drawing

Re:start

90 당신 인생에서 꼭 버려야 할 습관은?

1st 20 . .

2nd 20 . .

3rd 20 . .

4th 20 . .

5th 20 . .

글을 쓰며 떠오르는 이미지를
그려보세요. 글과 이미지가 하나가
되어 오랫동안 기억되게 됩니다.

# Image Drawing

91 오늘 하루 일과를 행동 단위로 적고, 가장 의미 있는 일에만 동그라미 치기

1st 20 . .

2nd 20 . .

3rd 20 . .

4th 20 . .

5th 20 . .

Re

# 92 내일 어떤 계획이 있는가?

1st 20 . .

2nd 20 . .

3rd 20 . .

4th 20 . .

5th 20 . .

글을 쓰며 떠오르는 이미지를
그려보세요. 글과 이미지가 하나가
되어 오랫동안 기억하게 됩니다.

# Image Drawing

# 93 당신을 두려움에 빠트리게 하는 것은?

1st 20 . .

2nd 20 . .

3rd 20 . .

4th 20 . .

5th 20 . .

머릿속에 '나무'를 상상해 보세요. 그 모습이 어떠한지
그림으로 그려 보세요.

(설명은 229쪽에 있습니다.)

# 5

# 내게 찾아온
# 적절한 보상

그 여정이 바로 보상이다
– 스티브 잡스

94

# 목표를 이루어낸 당신에게 주어질 3가지 선물은?

2nd 20 . .

4th 20 . .

## Image Drawing

글을 쓰며 떠오르는 이미지를
그려보세요. 글과 이미지가 하나가
되어 오랫동안 기억하게 됩니다.

# 95 당신이 보낸 하루, 온전히 살아낸 오늘을 기억하기 위한 위로의 메시지는?

1st 20 . .

2nd 20 . .

3rd 20 . .

4th 20 . .

5th 20 . .

글을 쓰며 떠오르는 이미지를 그려보세요. 글과 이미지가 하나가 되어 오랫동안 기억나게 됩니다.

## Image Drawing

# 96 당신이 살면서 가장 간절하게 원했던 것은?

2nd 20 . .

4th 20 . .

글을 쓰며 떠오르는 이미지를 그려보세요. 글과 이미지가 하나가 되어 오랫동안 기억하게 됩니다.

## Image Drawing

# 97 내가 나를 칭찬하고 싶을 때는 언제인가?

1st 20 . .

2nd 20 . .

3rd 20 . .

4th 20 . .

5th 20 . .

# Image Drawing

글을 쓰며 떠오르는 이미지를
그려보세요. 글과 이미지가 하나가
되어 오랫동안 기억나게 됩니다.

# 98 힘든 목표를 달성한 나에게 해주고 싶은말?

1st 20 . .

2nd 20 . .

3rd 20 . .

4th 20 . .

5th 20 . .

글을 쓰며 떠오르는 이미지를 그려보세요. 글과 이미지가 하나가 되어 오랫동안 기억나게 됩니다.

# Image Drawing

# 99 따로 10억이 있다면 당신이 하고 싶은 일은?

$2^{nd}$ 20 . .

$4^{th}$ 20 . .

# Image Drawing

글을 쓰며 떠오르는 이미지를
그려보세요. 글과 이미지가 하나가
되어 오랫동안 기억나게 됩니다.

100

## 하늘을 날 수 있다면 어디로 날아가고 싶은가?

2nd 20 . .

4th 20 . .

글을 읽으며 떠오르는 이미지를

# Image Drawing

아래 ❶ ~ ❹의 여러 가지 집들 중에서 마음에 드는 집을 선택하세요.

❶ 문이 두 개인 집



❷ 창문이 많은 집



❸ 지붕이 큰 집



❹ 굴뚝이 있는 집

**1장** ❶ 자신이 보는 스스로의 모습
❷ 타인이 보는 자신의 모습
❸ 자신의 인생에 대해 가지고 있는 생각
❹ 자신의 내면 상태
❺ 가족에 대한 나의 생각
❻ 꿈꾸는 사랑

**2장** ❶ 돼지를 선택한 당신은 인생에서 가장 중요하게 생각하는 것은 돈입니다. 이성을 선택할 때에도 경재력이나 재물을 보는 경향이 있으며 계산적인 성향을 가지고 있습니다.
❷ 당나귀는 힘과 건강을 의미합니다. 살면서 가장 중요한 것은 건강이라고 생각하는 당신 몸을 챙기기 때문에 운동을 좋아하고 활발한 성격을 지녔습니다.
❸ 뱀을 선택한 당신은 아름다운 외모와 겉모습에 신경을 많이 쓰는 사람입니다. 다른 사람에게 어떻게 보여 지는지가 중요한 사람으로 자칫 허세가 많은 사람일 수 있습니다.
❹ 하이에나를 선택한 사람은 삶에 가장 중요한 부분을 사랑으로 생각하는 사람입니다. 이성, 가족, 친구를 누구보다 아끼며 정이 많고 사랑하는 사람으로 사랑만 있다면 뭐든지 극복 할 수 있다고 믿는 성향을 가졌습니다.

**3장** 현재 당신의 스트레스 상태를 알아보는 테스트입니다.
❶ **무스** : 스트레스가 거의 없는 상태로 현재 생활에 만족 합니다.
❷ **구름** : 스트레스가 많이 쌓인 상태로 현실에 불만이 많습니다.
❸ **비누거품** : 스트레스가 없다고 볼 수 없고 약간의 불만은 있지만 참을 수 있을만한 정도입니다.

**4장**
- **뿌리를 그린 사람** : 안정의 상징
- 생활력이 강하고 정신적으로 안정되어 있습니다. 그러나 뿌리를 가늘고 여러개 그렸다면 어딘가 불안한 고민이 있고, 정신적으로 균형이 잡히 지 않은 상태입니다.
- **잎을 많이 그린 사람** : 지성과 생명력의 상징
  대체적으로 활달한 성격으로 미래에 대해 건설적인 희망을 늘 가지고 있다. 그러나 잎을 조금만 그렸거나 낙엽을 그렸으면 쉽게 포기하는 성향으로 해석이 가능합니다.
- **나뭇가지를 많이 그린 사람** : 호기심과 행동력의 상징 활발하고 호기심이 평소에 왕성한 사람입니다. 가지를 굵게 그릴수록 집중력이 강하고 가늘게 그릴수록 변덕이 심한 성격입니다. 가느다란 가지를 많이 그렸으면 한번 벌인 일을 끝까지 해내지 못하고 쉽게 실증 내는 경향이 있는 것으로 볼 수 있습니다.
- **열매를 그린 사람** : 결실의 상징 스스로의 능력을 인정받고자 하는 욕구가 있습니다. 결과를 중요 시 하기 때문에 자신의 이득부터 따지는 성향의 사람입니다.
- **꽃을 그린 사람** : 관심의 상징 자신의 매력을 이미 알고 있는 사람으로 주목받고자 하는 성향이 매우 강합니다. 꽃이 클수록 그 욕구가 강한 사람입니다.

**5장** ❶ 문이 두 개인 집 : 세상과의 접촉을 불편해하는 경우. 지금과 다른 방식으로 세상과 접촉하고 싶은 소망이 있는 경우
❷ 창문이 많은 집 : 관계를 맺고 싶은 욕구가 과도한 경우. 상대방에게 지나치게 다가가려는 욕구. 인정받고 싶은 욕구가 높은 경우
❸ 지붕이 큰 집 : 타인이나 세상에 대한 불안감이 있는 경우. 자아가 강하고 자기만의 세계가 강한 경향
❹ 굴뚝이 있는 집 : 가족 간의 관계가 좋은 경우

다시
Starting
note

다시
Starting note

다시
Starting note